BEI GRIN MACHT SICH I WISSEN BEZAHLT

- Wir veröffentlichen Ihre Hausarbeit, Bachelor- und Masterarbeit

- Ihr eigenes eBook und Buch - weltweit in allen wichtigen Shops

- Verdienen Sie an jedem Verkauf

Jetzt bei www.GRIN.com hochladen und kostenlos publizieren

Antje Straube

Wissensmanagement für digitale Güter

GRIN Verlag

Bibliografische Information der Deutschen Nationalbibliothek:

Die Deutsche Bibliothek verzeichnet diese Publikation in der Deutschen National-
bibliografie; detaillierte bibliografische Daten sind im Internet über http://dnb.d-
nb.de/ abrufbar.

Impressum:

Copyright © 2003 GRIN Verlag GmbH
Druck und Bindung: Books on Demand GmbH, Norderstedt Germany
ISBN: 978-3-638-79258-5

Dieses Buch bei GRIN:

http://www.grin.com/de/e-book/58975/wissensmanagement-fuer-digitale-gueter

GRIN - Your knowledge has value

Der GRIN Verlag publiziert seit 1998 wissenschaftliche Arbeiten von Studenten, Hochschullehrern und anderen Akademikern als eBook und gedrucktes Buch. Die Verlagswebsite www.grin.com ist die ideale Plattform zur Veröffentlichung von Hausarbeiten, Abschlussarbeiten, wissenschaftlichen Aufsätzen, Dissertationen und Fachbüchern.

Besuchen Sie uns im Internet:

http://www.grin.com/

http://www.facebook.com/grincom

http://www.twitter.com/grin_com

Technische Universität Ilmenau

Fakultät für Wirtschaftswissenschaften

Fachgebiet Informations- und Wissensmanagement

Hauptseminar Wirtschaftsinformatik

im SS 2003

Thema

Wissensmanagement für digitale Güter

Vorgelegt von:

Antje Straube

INHALT

1 Einleitung

1.1 Aufgabenstellung

„Wissensmanagement ist eine Hersausforderung für alle Unternehmen, welche in der Wissensgesellschaft überleben und ihre Wettbewerbsposition ausbauen wollen."[1] Diese Herausforderung scheint in vielen Fällen noch nicht angenommen oder nur unzureichend gemeistert worden zu sein, denn noch ist es für viele Unternehmen nach wie vor ein Wunschdenken, das richtige Wissen zur richtigen Zeit am richtigen Ort bei der richtigen Person und in der richtigen Qualität zur Verfügung zu haben.[2] Für die betriebliche beziehungsweise operative Umsetzung des Wissensmanagements in Unternehmen stehen eine Reihe von Hilfsmitteln zur Verfügung, die Entscheidungsträger dabei unterstützen sollen, die neuartige Herausforderung des Wissensmanagements erfolgreich anzunehmen.

Im Rahmen dieser Arbeit sollen vorhandene Hilfsmittel des Wissensmanagements für Informationssysteme herausgearbeitet werden. Hilfsmittel umfassen dabei Prinzipien, Methoden, Verfahren und Werkzeuge.[3] Neben der näheren Erläuterung bekannter Hilfsmittel des Wissensmanagements sollen diese unter einem neuen Gesichtspunkt betrachtet werden. Es gilt dabei die Frage zu beantworten welche dieser Hilfsmittel sich in welchem Maße auf welche digitalen Güter anwenden lassen. Herausgearbeitet werden soll in diesem Zusammenhang ob es angemessen ist, ein Wissensmanagement speziell für digitale Güter zu konzipieren.

1.2 Vorgehensweise

Ausgehend von einer Begriffsabgrenzung wird sich diese Arbeit zunächst damit beschäftigen, einige ausgewählte und für das Wissensmanagement als besonders geeignete Hilfsmittel näher zu betrachten. Einer kurzen Vorstellung dieser Hilfsmittel folgt die Darstellung der Anwendungsformen bezogen speziell auf den Bereich des Wissensmanagements. Wie kann also ein solches Hilfsmittel konkret die betrieblichen Aufgaben im Zusammenhang mit Wissensmanagement unterstützen. Die Darstellung

---

[1] Probst, Raub, Romhardt / Wissen managen / 17
[2] Vgl. Heck / Die Praxis des Knowledge Managements / 23
[3] Vgl. Stahlknecht, Hasenkamp / Einführung in die Wirtschaftsinformatik / 234

der Hilfsmittel wird sich dabei auf jene Prinzipien, Methoden, Verfahren und Werkzeuge beschränken, die sich in Verbindung mit Informationssystemen anwenden lassen.

Nach Abschluss der Vorstellung verschiedener Hilfsmittel wird der Versuch unternommen diese Hilfsmittel hinsichtlich ihrer Einsatzmöglichkeiten in Bezug auf digitale Güter zu untersuchen. In diesem Zusammenhang soll auch die Frage geklärt werden, ob es als sinnvoll angesehen werden kann ein Wissensmanagement speziell für digitale Güte zuzuschneiden.

1.3 Begriffsklärung

Im Verlauf dieser Arbeit wird der Schwerpunkt der Betrachtungen vorwiegend auf den zwei Begriffen Wissensmanagement oder auch Knowledge Management und dem Begriff der digitalen Güter liegen. Zum besseren Verständnis der Ausführungen ist ein einheitliches Begriffsverständnis notwendig. Daher wird an dieser Stelle eine Abgrenzung der angesprochenen Begriffe vorgenommen.

In Anlehnung an Probst, Raub und Romhardt bezeichnet Wissen die Gesamtheit der Kenntnisse und Fähigkeiten, die Individuen zur Lösung von Problemen einsetzen. Wissensmanagement bildet dabei „ein integriertes Informationskonzept, das sich mit den Möglichkeiten zur Gestaltung der organisationalen Wissensbasis befaßt."[4] Wissensmanagement beinhaltet demnach die „zielorientierte Nutzung und Entwicklung von Wissen und Fähigkeiten, welche für den Organisationszweck als notwendig angesehen werden."[5]

Nach Ansicht von Probst, Raub und Romhardt existieren sechs Bausteine oder auch Kernprozesse des Wissensmanagements.[6] Die Wissensidentifikation fragt, wie sich im Unternehmen sowohl intern als auch extern Transparenz über das vorhandene Wissen schaffen lässt. Der Baustein Wissenserwerb beschäftigt sich mit der Fragestellung welche Fähigkeiten extern eingekauft werden sollten, während die Wissensentwicklung daran geht eine Antwort auf die Frage zu finden, wie neues Wissen aufgebaut werden kann. Ist das Wissen vorhanden gilt es dieses über Wissensverteilung an den richtigen Ort zu bringen und in der Wissensnutzung die Anwendung des Wissens

---

[4] Probst, Raub, Romhardt / Wissen managen / 47

[5] Probst, Raub, Romhardt / Wissen managen / 47

[6] nachfolgender Absatz bezieht sich auf: Probst, Raub, Romhardt / Wissen managen / 53 ff.

sicherzustellen. Schließlich muss ich das Unternehmen vor Wissensverlusten schützen und vorhandenes Wissen bewahren.

Neben der Auffassung von Probst, Raub und Romhardt existieren vielfältige andere Definitionen. Die Ausführungen in dieser Arbeit werden sich jedoch ausschließlich an der soeben dargelegten Definition orientieren.

Weitaus schwieriger als die Definition der Begriffe des Wissensmanagements stellt sich die Definition von digitalen Gütern dar. Aufgrund der Aktualität des Themas sind kaum Literaturquellen verfügbar. In wenigen zugänglichen Publikationen finden sich Definitionen zur Problematik der digitalen Güter. Dennoch lässt sich sagen, dass digitale Güter immaterielle Mittel zur Bedürfnisbefriedigung darstellen, die sich mit Hilfe von Informationssystemen entwickeln, vertreiben oder anwenden lassen. „Es sind Produkte oder Dienstleistungen, die in Form von Binärdaten dargestellt, übertragen und verarbeitet werden können."[7]

Beispiele für digitale Güter sind nach Stelzer digitale Fernsehprogramme, Wertpapierkurse, Anwendungssoftware, Dienstleistungen elektronischer Marktplätze, Telekommunikationsdienste und Online-Banking.[8]

Ausgehend von dieser kurzen Darstellung der relevanten Begriffe soll im Folgenden auf vorhanden Hilfsmittel des Wissensmanagements für Informationssysteme eingegangen werden.

2 Hilfsmittel des Wissensmanagements für IS

Nach Stahlknecht, Hasenkamp sind unter Hilfsmittel Prinzipien, Methoden, Verfahren und Werkzeuge zusammenzufassen.[9] Prinzipien sind dabei „grundsätzliche Vorgehensweisen im Sinne von Handlungsgrundsätzen oder Strategien."[10] Methoden hingegen „sind Vorschriften, wie planmäßig nach einem bestimmten Prinzip [...] zur Erreichung festgelegter Ziele vorzugehen ist. Methoden dienen also der Umsetzung der Prinzipien."[11]

---

[7] Stelzer / Digitale Güter / 836
[8] Stelzer / Digitale Güter / 835 - 842
[9] nachfolgender Abschnitt bezieht sich auf: Stahlknecht, Hasenkamp / Einführung in die WI / 234
[10] Stahlknecht, Hasenkamp / Einführung in die WI / 234
[11] ebenda

Unter Verfahren verstehen Stahlknecht, Hasenkamp „Anweisungen zum gezielten Einsatz von Methoden, d.h. konkretisierte Methoden."[12]

---

[12] ebenda

Zu beachten ist hierbei, dass Methoden und Verfahren oft eng miteinander gekoppelt sind und es somit nicht möglich ist, diese konsequent auseinanderzuhalten. „Werkzeuge sind Computerprogramme, die [...] die Entwicklung von Anwendungssystemen unterstützen."[13]

Im Rahmen dieser Arbeit sollen speziell Hilfsmittel des Wissensmanagements für Informationssysteme betrachtet werden. In der Literatur werden Hilfsmittel nicht selten als Instrumente des Wissensmanagements bezeichnet.[14] „ Die Auffassung von Instrumenten ist dabei meist recht weit gefasst, und es wird oft nicht näher zwischen Methoden, Techniken und anderen Hilfsmitteln unterschieden."[15] Die aufgeführte Unterteilung der Hilfsmittel nach Stahlknecht, Hasenkamp findet somit im Wissensmanagement keine Anwendung.

In den folgenden Darstellungen werden die Begriffe Hilfsmittel und Instrumente synonym zur Anwendung gebracht. Orientieren wird sich die Auswahl der betrachteten Werkzeuge zur Unterstützung des Wissensmanagements an den Ausführungen von Probst, Raub und Romhardt, die in ihrem sechsstufigen Prozess des Wissensmanagements einige hilfreiche Methoden, Verfahren und Werkzeuge vorstellen.

2.1 Die Identifikation des Wissens - *Wissenslandkarten / Knowledge Maps*

Der Prozess der Wissensidentifikation ist meist der erste schwierige Schritt den ein Unternehmen auf dem Weg zu einem ganzheitlichen Wissensmanagement zu bewältigen hat.[16] Dieser erste Schritt des Wissensmanagements wird unterstützt durch die sog. Wissenslandkarten oder auch Knowledge Maps.

---

[13] Stahlknecht, Hasenkamp / Einführung in die WI / 234

[14] Vgl. Lehner / Organisational Memory / 289

[15] Lehner / Organisational Memory / 289

[16] Vgl. Heck / Die Praxis des Knowledge Managements / 7 und Guretzky / Bedeutung des Wissensmanagement

„Wissenskarten bzw. Wissenslandkarten stellen das im Unternehmen vorhandene Wissen samt Vernetzungen textuell und / oder grafisch in strukturierter Form dar."[17] Wissenslandkarten „sollen aufzeigen, wer, in welcher Ausführlichkeit über welches Wissen verfügt."[18] Nach Eppler sind Wissenslandkarten grafische Verzeichnisse von Wissensträgern, Wissensbeständen, Wissensstrukturen oder Wissensanwendungen.[19]

Die Unterscheidung verschiedener Arten von Wissenslandkarten wird bedingt durch unterschiedliche Darstellungsformen der Inhalte.[20] Die beiden wichtigsten Darstellungsformen sind in den Wissensträgerkarten und in den Wissensbestandskarten zu sehen. Während unter Wissensträgerkarten grafische Verzeichnisse von Experten zu verstehen sind, durch die veranschaulicht wird, welche Wissensart in welcher Ausprägung bei welchen Wissensträgern vorhanden ist, zeigen Wissensbestandskarten an „wo und wie bestimmte Wissensbestände gespeichert sind und wie man sie sich zugänglich machen kann."[21] Wissensbestandskarten berücksichtigen den Aggregationszustand des Wissens und geben dem Nutzer wertvolle Informationen über mögliche Weiterverarbeitungsschritte.[22]

Häufig beinhalten Wissenslandkarten Informationen über Kundenbedürfnisse und häufig gestellte Fragen, zudem Erfahrungen im primären Geschäftsfeld, Wissenskopplungen (Verbindungen zwischen isolierten Wissensbereichen) und die sog. „gelben Seiten", also Informationen über Wissensträger und ihre Kompetenzen.[23]

Die in Wissenslandkarten erfassten Informationen können mit Hilfe verschiedener technologischer Visualisierungsmöglichkeiten aufbereitet werden. Somit wird der Zugriff auf formalisierte Wissensarten enorm vereinfacht, zeit- und raumunabhängiger Zugang für einen großen Personenkreis wird ermöglicht.[24]

Mögliche Hilfsmittel zur Visualisierung von Wissenslandkarten können beispielsweise das ARIS Toolset der IDS Scheer AG oder auch Microsoft Visio sein.

---

[17] Lehner / Organisational Memory / 273

[18] Guretzky / Bedeutung des Wissensmanagement

[19] Eppler / Präsentation

[20] Vgl. Probst, Raub, Romhardt / Wissen managen / 110 und Lehner / Organisational Memory / 273

[21] Lehner / Organisational Memory / 274

[22] Vgl. Probst, Raub, Romhardt / Wissen managen / 111 und Lehner / Organisational Memory / 278

[23] Vgl. Lehner / Organisational Memory / 274

[24] Vgl. Probst, Raub, Romhardt / Wissen managen / 110 f.

2.2 Die Verteilung des Wissens

Datennetze und Groupwarelösungen kommen zum Einsatz, wenn es darum geht Wissen zu verteilen. Der sechsstufige Prozess nach Probst, Raub und Romhardt führt als vierten Schritt den Punkt Wissensverteilung an. Die beiden vorangegangenen Schritte bieten keine Möglichkeiten des sinnvollen Einsatzen verschiedener Instrumente des Wissensmanagements.

2.2.1 Datennetze

Als Hilfsmittel auf dem Gebiet der Wissensverteilung sehen Probst, Raub und Romhardt u.a. Datennetze an. [25] Datennetze sind in den folgenden Ausführungen gleichzusetzen mit dem Begriff des Intranet. Im Intranet werden die „Techniken des Internets in einem organisationsinternen Kontext verwendet, sodass nicht nur von überall auf der Welt durch geschützte Gateways darauf zugegriffen werden kann, sondern durch die offenen Standards und die Multimediafähigkeit die Nutzung der gängigen Kommunikationsformen wie Schrift, Grafik, Sprache, Audio und Video ermöglicht wird."[26]

Somit stellt das Intranet mehr als ein reines Kommunikationsmedium dar, vielmehr kann es als Wissensbasis einer Organisation dienen.[27] Im Intranet werden unstrukturierte Daten (implizites Wissen) leichter aufgenommen als in klassischen Datenbanksystemen. Das Intranet ermöglicht effektiv arbeitende verteilte Organisationen innerhalb eines Unternehmens. Zudem fördert es dezentrale Entscheidungen und ermutigt zur Nutzung des verteilt vorliegenden Wissens einzelner Mitarbeiter. Das Intranet übernimmt mehr und mehr die traditionelle Rolle des Management Informationen zu verteilen.

Die bisher beschriebenen Möglichkeiten, die das Intranet bietet, waren eher genereller Natur. Soll das Intranet als Instrument des Wissensmanagements angesehen werden, muss es daneben noch Dienste bieten, die speziell für das Wissensmanagement relevant sind. Guretzky zeigt auch auf diesem Gebiet Ansätze auf. Somit ermöglicht beispielsweise die Nutzung von e-Mail-Clients die bequeme Kommunikation mit

---

[25] Vgl. Probst, Raub, Romhardt / Wissen managen / 247 f.

[26] Guretzky / Bedeutung des Wissensmanagement

[27] nachfolgender Abschnitt bezieht sich auf: Guretzky / Bedeutung des Wissensmanagement

anderen Wissensträgern und zudem den Austausch von Dokumenten. Ein im Intranet implementierter Chat lässt sich als Diskussionsforum nutzen. Auch relationale Datenbanken können an das Intranet angebunden werden.

Die Speicherung und Vernetzung strukturierter Datenbestände, auf die mittels des Intranets zugegriffen werden kann, stellt damit kein Problem mehr dar.[28]

Das Intranet eignet sich durch seine vielfältigen Einsatzmöglichkeiten hervorragend als Instrument für das Wissensmanagement. In vielen Unternehmen ist die Einführung eines Intranets der erste große Schritt, der in Richtung Wissensmanagement unternommen wird.

2.2.2 Groupware-Anwendungen

Ein ähnlich umfangreiches Funktionsangebot wie das Intranet bieten sog. Groupwarelösungen. Auch bekannt sind solche Lösungen unter dem Namen Computer Supported Cooperative Work (CSCW). Mit Groupware sind Software-Lösungen gemeint, die das Arbeiten in Gruppen unterstützen.[29] „Betrachtet man Groupware unter kommunikativen Gesichtspunkten, so ist damit erstrangig die (unternehmens-spezifische) gemeinsame Nutzung etwaiger SW-Lösungen gemeint. Unternehmensinterne Regeln also, die den Gebrauch dieser Lösung beschreiben."[30] Nach Probst, Raub und Romhardt kommt Groupware-Lösungen zukünftig eine bedeutende Rolle zu.[31] Ihrer Meinung nach wird der Groupware-Technologie allgemein zugetraut, in Zukunft einen der entscheidenden technischen Katalysatoren der Wissensverteilung bilden zu können. Diese positiven Zukunftsaussichten verdankt die Groupware-Technologie wohl den Vorteilen, die sie auszeichnen.

„Die besondere Stärke von groupware-Anwendungen liegt darin, daß sie Prozesse der Wissens(ver)teilung innerhalb einer gewissen Gruppe von Benutzern koordinieren und die Konsistenz verteilten Wissens weitestgehend sicherstellen."[32]

---

[28] Vgl. Guretzky / Bedeutung des Wissensmanagement

[29] Vgl. Heck / Knowledge Management / 165

[30] Heck / Knowledge Management / 165

[31] Vgl. Probst, Raub, Romhardt / Wissen managen / 249

[32] Probst, Raub, Romhardt / Wissen managen / 250

Die Unterteilung von Groupware-Anwendungen in verschiedene Kategorien ist derzeit noch strittig.[33] Trotz dieser Unstimmigkeiten lassen sich eine Reihe von Aufgaben des Wissensmanagements abgrenzen, die bereits heute von Groupware-Anwendungen übernommen werden können. So lassen sich beispielsweise Zeit- und Aufgabenmanager erkennen, die die Koordination der Terminkalender mehrerer Benutzer ermöglichen und es zudem gestatten, automatisch einen möglichen gemeinsamen Besprechungstermin zu finden. Die Erweiterung von Groupware-Anwendungen bis in das Projektmanagement hinein ist ebenfalls denkbar.

Eine zweite Kategorie der Groupware-Anwendungen wird unter der Bezeichnung Arbeitsfluss-Automatisierung zusammengefasst. Besser bekannt sind diese Anwendungen als Workflow Management Systeme. Definiert wird ein Workflow Management System als „ein System, das mit Hilfe von Software die Ausführung von Arbeitsabläufen sowohl definiert als auch selbst vornimmt und steuert, dabei auf einer oder mehreren Maschinen läuft und in der Lage ist, die Definitionen der Geschäftsprozesse zu interpretieren, mit den Mitarbeitern zusammenzuarbeiten und dort, wo es erforderlich ist, die Nutzung der IT-Werkzeuge und –Programme vorzuschlagen.“[34]

Nach Probst, Raub und Romhardt ist die Leistungsfähigkeit von Workflow Management Systemen sehr stark abhängig von der Modellierbarkeit eines Ablaufes sowie von der Möglichkeit, Regeln für die Behandlung von Ausnahmefällen zu formulieren. Basieren können Workflow Management Systeme auf Nachrichten oder auf Datenbanken.[35]

Die wohl bekannteste Software-Lösung im Bereich der Groupware-Anwendungen ist Lotus Notes. Derzeit nutzen etwa 44 Mio. Anwender die weitreichenden Funktionen aus den Bereichen Kommunikation (beispielsweise E-Mail, Videokonferenzsysteme und Chat-Tools), Kooperation (z.B. Joint Editing und Shared Workspace) und Koordination (Gruppenterminkalender, Workflow Management System und Aufgabenlisten), die Lotus Notes bietet.[36]

---

[33] nachfolgender Absatz bezieht sich auf: Probst, Raub, Romhardt / Wissen managen / 250
[34] Fritsch / Workflow Management System
[35] Vgl. Probst, Raub, Romhardt / Wissen managen / 250
[36] Vgl. Goesmann, Weber / Einführung in Lotus Notes

Im Bereich der Groupware-Anwendungen gibt es zusätzliche Technologien, die es erlauben, die verschiedenen Aufgabenbereiche durch erweiterte Funktionalitäten zu unterstützen. „Der Umgang mit Papier kann beispielsweise durch das Einscannen von Dokumenten und ein darauf aufbauendes Dokumenten-Management nahezu unnötig gemacht werden."[37] Neben Dokumenten-Management-Systemen haben Unternehmen die Möglichkeit verschiedene Multimedia- bzw. Hypermedia-Anwendungen zur Unterstützung der Aufgaben im Bereich der Wissensverteilung zu nutzen.[38] Denkbar ist in diesem Zusammenhang auch die Umsetzung eines sog. Unternehmensportales. Nach Weißbach dienen Unternehmensportale „zur Erschließung von Informationen im Internet sowie als Instrumente der unternehmensinternen Informationslogistik. Sie sollen die interne und externe Informationsvielfalt strukturieren, in dem sie auf interne Wissensressourcen (Dokumente, Suchtools usw.) verweisen und dem Mitarbeiter einen zentralen Point of Access zum Internet sowie eine adäquate Benutzerführung bieten."[39]

2.3 Das Speichern von Wissen

In ihrem sechsstufigen Prozess des Wissensmanagements gehen Probst, Raub und Romhardt u.a. auch auf die Wissensspeicherung ein. „Nachdem das bewahrungswürdige Wissen von weniger wichtigen Wissensbestandteilen getrennt worden ist, muß es in einem nächsten Schritt in angemessener Form in der organisatorischen Wissensbasis gespeichert werden. Es werden drei Speicherungsformen unterschieden: die individuelle, die kollektive und die elektronische Bewahrung von organisatorischem Wissen."[40]

Hilfsmittel für das Wissensmanagement sind hauptsächlich in der elektronischen Bewahrung des Wissens angesiedelt. Die elektronischen Speichermöglichkeiten haben sich in den letzten Jahren vervielfacht und somit den Weg auch für die Unterstützung von Wissensmanagement-Aufgaben freigemacht. „Nahezu alle traditionellen Speichermedien sind digitalisierbar."[41]

---

[37] Probst, Raub, Romhardt / Wissen managen / 251
[38] Vgl. Probst, Raub, Romhardt / Wissen managen / 251
[39] Weißbach / Unternehmensportale
[40] Probst, Raub, Romhardt / Wissen managen / 301
[41] Probst, Raub, Romhardt / Wissen managen / 310

Nach Probst, Raub und Romhardt wird zukünftig der normale Computeranwender unter einer einheitlichen Oberfläche auf alle möglichen Speichermedien zugreifen können.[42] Digitale Speichermedien bieten dabei den Vorteil der problemlosen Editierung, der Wiederverwendbarkeit und der geringen Kosten ihrer Verteilung über Netzwerke. Die Zunehmende Digitalisierung und der Trend des Zusammenwachsend von Bibliotheken, Zeitschriften, Ton-, Film- und Textarchiven stellen vor allem wissensintensive Unternehmen vor eine gewaltige Aufgabe. Es gilt das Know how des Unternehmens systematisch abzulegen und somit eine effektive Weiternutzung gewährleisten zu können.

Im Folgenden sollen einige Hilfsmittel des Wissensmanagements für Informationssysteme vorgestellt werden, mit deren Hilfe es Unternehmen erleichtert werden soll, ihr Know how effektiv zu verwalten.

2.3.1 Datenbanken / Data Warehouse / Data Mining

Datenbanken bilden die Basis für alle Wissensmanagementsysteme.[43] Dabei verursachen sie erfahrungsgemäß die geringsten Probleme, wenn es darum geht, einmal gespeichertes Wissen später auch wieder auffinden zu können. Datenbanken arbeiten von Haus aus mit Klassifikationen und haben somit strukturierte Daten zugrunde liegen.[44]

Ein Data Warehouse ist „ein leistungsfähiges Datenbanksystem, in dem Daten aus unterschiedlichen operativen Systemen – eventuell ergänzt durch externe Daten – anwendungsunabhängig und abteilungsübergreifend gespeichert werden.“[45]

Die Anwendungsbereiche von Date Warehouses sind weitreichend. Von der Dokumentenverwaltung über die Auswertung von massenhaften Transaktionen bis hin zur Nutzung von Data Warehouses für Zwecke des Marketing sind viele Aufgaben des Wissensmanagements durch Data Warehouses zu lösen.[46]

---

[42] nachfolgender Abschnitt bezieht sich auf: Probst, Raub, Romhardt / Wissen managen / 310 f.

[43] Vgl. o.V. / Mindmap

[44] Vgl. Probst, Raub, Romhardt / Wissen managen / 313

[45] o.V. / Date Warehouse

[46] Vgl. o.V. / Date Warehouse

Die Existenzberechtigung von Data Warehouses ergibt sich durch die Art der Arbeitsweise.[47] Nach Rossbach werden in Unternehmen oft gleichartige Auswertungen durchgeführt, die dabei meist umfangreiche Datenbestände betreffen. Werden diese, mitunter sehr komplexen Anfragen an die operativen Datenbanken gestellt, erfordert dies jedes Mal eine vollständige Auswertung mit den entsprechenden Datenbankzugriffen. Solche Zugriffe haben eine hohe Belastung für die Datenbanksysteme und mitunter lange Wartezeiten zur Folge.

„Hier setzt das Data Warehouse Konzept an. Das Prinzip besteht darin, ein von den operativen Datenbanksystemen losgelöstes Datenbanksystem aufzubauen, in dem alle für die betrieblichen Entscheidungsebenen relevanten Daten separat vorgehalten werden."[48] Dabei befinden sich in einem Data Warehouse nicht nur die benötigten Daten, auch die notwendigen Auswertungen sind zum Teil bereits erfolgt.

Ein weiteres Hilfsmittel das zur Anwendung kommt, wenn es darum geht, Wissen wiederverwendbar zu speichern ist das Data Mining. „Unter Data Mining werden Techniken zur Suche von versteckten bzw. unbekannten Zusammenhängen und Mustern in großen Datenbanken verstanden."[49] Data Mining bietet die Möglichkeit Analysen durchzuführen, ohne deren Ablauf im Vorfeld näher spezifizieren zu müssen. Es wird lediglich ein Erklärungsziel formuliert damit das Data Mining System eigenständig entsprechende Zusammenhänge heraussuchen kann.

2.3.2 Dokumentenmanagement-Systeme

Dokumentenmanagement-Systeme wurden bereits zu einem früheren Zeitpunkt in dieser Arbeit erwähnt. Neben einer unterstützenden Tätigkeit in Groupware-Anwendungen kommt Dokumentenmanagement-Systemen allerdings auch eine bedeutende Rolle auf dem Gebiet der Wissensspeicherung zu.

„Dokumentenmanagement-Systeme haben die Aufgabe, elektronische Dokumente zu verwalten. Die Dokumente können dabei prinzipiell von beliebiger Struktur sein. Die Funktionen der Dokumentenmanagement-Systeme umfassen dabei die Aufnahme der Dokumente, deren Archivierung nach bestimmten festgelegten Strukturen, die Indexierung durch die Vergabe von Schlagworten, das Suchen nach Dokumenten

---

[47] nachfolgender Abschnitt bezieht sich auf: Roßbach / IT-Werkzeuge
[48] Roßbach / IT-Werkzeuge
[49] Roßbach / IT-Werkzeuge

sowie die Verfügbarmachung der Dokumente zur Ansicht bzw. zur Weiterverarbeitung."[50]

Dokumentenmanagement-Systeme bieten zudem die Möglichkeit auch Dokumente zu verwalten, die noch nicht in elektronischer Form vorliegen. Dokumente werden dafür zumeist eingescannt. Mittels Texterkennungssoftware wird das aus dem Scanprozess entstandene Bild wieder in Textform gebracht. Die Möglichkeit zur späteren Weiterverarbeitung ist somit gegeben. Durch hierarchische Verzeichnisse und über die Suche nach Schlagworten oder eine Volltextrecherche wird die Wiederauffindbarkeit der archivierten Dokumente gewährleistet.[51]

3 Hilfsmittel des Wissensmanagements für IS – Anwendung für digitale Güter

Der Begriff der digitalen Güter wurde bereits zu Beginn dieser Arbeit definiert.[52] Im Folgenden gilt es zunächst zu klären, welche der vorgestellten Hilfsmittel sich inwieweit auch auf digitale Güter anwenden lassen.

Im Rahmen der Auseinandersetzung mit dem Thema Hilfsmittel des Wissensmanagements wurde bereits in einem vorhergehenden Kapitel herausgearbeitet, dass der Digitalisierungsgrad in Unternehmen stetig zunimmt.[53] Die Notwendigkeit von digitalen Produkten, wie z. B. dem Online-Banking, dem Dienstleistungsangebot eines elektronischen Marktplatzes oder etwa Wertpapierkursen in Echtzeit zu sprechen, lässt sich somit leicht nachvollziehen und begründen.[54] Es bleibt die Frage zu klären, ob es zudem gerechtfertigt ist, von einem Wissensmanagement für digitale Güter zu reden.

Die Literatur gibt zu dieser Fragestellung leider keine Auskunft und auch aufwendige Online-Recherchen blieben ohne verwertbares Ergebnis. Um die Frage nach einem Wissensmanagement für digitale Güter dennoch ausreichend beantworten zu können, empfiehlt sich ein schrittweises Vorgehen. Zunächst stellt sich mir die Frage, ob sich die vorgestellten Hilfsmittel des Wissensmanagement tatsächlich auf eine bestimmte

---

[50] Roßbach / IT-Werkzeuge
[51] Vgl. Roßbach / IT-Werkzeuge
[52] Vgl. Kapitel 1.3 Begriffsklärung
[53] Vgl. Kapitel 2.3 Das Speichern von Wissen
[54] Stelzer / Digitale Güter

Kategorie von Gütern beziehen lassen oder ob es nicht vielmehr irrelevant ist, welche Güter oder Dienstleistungen ein Unternehmen erbringt.

3.1 Hilfsmittel des Wissensmanagements - Abhängigkeit von der Kategorie produzierter Güter oder Dienstleistungen?

Um die soeben aufgeworfene Frage ausreichend beantworten zu können, ist es notwendig sich erneut bewusst zu machen, welche Rolle Hilfsmittel des Wissensmanagements überhaupt spielen und welche Zielstellungen Unternehmen mit dem Einsatz eines ganzheitlichen Wissensmanagements verfolgen. In der Literatur schlägt sich die Meinung nieder, dass die IT lediglich ein Hilfsmittel sein kann um erfolgreiches Wissensmanagement zu betreiben.[55] Die vorgestellten Hilfsmittel spielen also eine wichtige Rolle für das Wissensmanagement, sind aber keinesfalls der alleinige Erfolgsfaktor für dessen Umsetzung. „Während die Bedeutung der IT für das Wissensmanagement in den Anfängen deutlich überbewertet wurde, hat man mittlerweile erkannt, dass mit dem Einsatz von IT-Systemen allein kein erfolgreiches Wissensmanagement betrieben werden kann."[56]

Wissensmanagement zielt auf den bewussten und traditionellen Umgang mit der Ressource Wissen.[57] Keine Literaturquelle unterscheidet dabei nach Unternehmen, deren Hauptgeschäftsfeld digitale Produkte sind oder solchen mit überwiegend herkömmlichen Produkten. Sowohl Software-Hersteller als auch Automobilkonzerne verwenden ähnliche Hilfsmittel des Wissensmanagements. Wissensmanagement muss als komplexe und interdisziplinäre Aufgabe gesehen werden, die sich nicht sinnvoll auf spezielle Produkte beschränken lässt.[58]

3.2 Bedeutung digitaler Güter für das Wissensmanagement

Wie zuvor herausgestellt wurde lässt das Wissensmanagement keine produktspezifischen Betrachtungen zu. Vorgestellte Hilfsmittel lassen sich sowohl für Unternehmen mit digitalen als auch für solche mit herkömmlichen Gütern anwenden.

---

[55] Vgl. o.V. / Aufgabe der Technik
[56] Vgl. Roßbach / IT-Werkzeuge und o.V. /Aufgabe der Technik
[57] Vgl. o.V. / Aufgabe der Technik
[58] Vgl. Roßbach / IT-Werkzeuge

Digitale Güter spielen dennoch eine bedeutende Rolle auf dem Gebiet des Wissensmanagements. Ohne die weitere Verbreitung und Entwicklung digitaler Güter könnte sich ein ganzheitliches Wissensmanagement in Unternehmen wohl gar nicht erst entwickeln. Die besonderen Eigenschaften digitaler Güter, wie beispielsweise die problemlose Wiederverwendung und die geringen Kosten ihrer Verteilung über Netzwerke schaffen die Grundlage für ein standortübergreifendes Wissensmanagement.[59]

Alle in vorangegangenen Kapiteln beschriebenen Hilfsmittel basieren auf digitalen Gütern. Größtenteils handelt es sich hierbei um Softwarelösungen. Daneben bieten die Hilfsmittel des Wissensmanagements beispielsweise aber auch die Möglichkeit zur Nutzung eines „Wissensmarktplatzes", realisiert über das Intranet oder die Möglichkeit zur Volltextsuche innerhalb von Dokumenten zu einem bestimmten Interessengebiet.
Digitale Güter vergrößern die Vielfalt der möglichen Anwendungsgebiete bekannter Hilfsmittel des Wissensmanagement. Durch ihre Eigenschaft der einfachen und weltweiten Verbreitbarkeit, bieten sie die Möglichkeit, das benötigte Wissen noch schneller zur Verfügung zu stellen. Durch sinnvolle Verlinkung beispielsweise innerhalb von Dokumentenmanagement-Systemen oder im Intranet steht einem Mitarbeiter nicht nur die Möglichkeit offen Antworten auf offene Fragen zu finden, vielmehr bietet sich auch die Gelegenheit Mehrarbeit zu vermeiden, indem ein bereits vorhandenes digitales Gut, beispielsweise ein Dokument, einfach wiederverwendet wird.
Ohne die Entwicklung spezieller digitaler Güter wären all die Anwendungsfelder bereits beschriebener Instrumente des Wissensmanagement nicht realisierbar.

4   Fazit

Wissensmanagement gewinnt mehr und mehr an Bedeutung. Noch sind sich die Experten nicht einig, was genau darunter zu verstehen ist. Vielen ist allerdings bereits heute bewusst, dass die wertvollste Ressource eines Unternehmens das Wissen in den Köpfen der Mitarbeiter ist. Dieses Wissen zu explizieren und für alle Mitarbeiter zugänglich zu machen stellt eine große Herausforderung dar. Viele Unternehmen haben sich bisher gescheut diese Herausforderung anzunehmen. Ganzheitliches Wissensmanagement sucht man bisher meist vergebens. Insellösungen hingegen existieren bereits vielerorts.

---

[59] Vgl. Probst, Raub, Romhardt / Wissen managen / 311

Zukünftig wird es gerade für wissensintensive Unternehmen jedoch immer bedeutungsvoller Wissensmanagement als ganzheitlichen Prozess zu betrachten. Spätestens zu diesem Zeitpunkt wird der Ruf nach Hilfsmitteln laut, die das Wissensmanagement für Informationssysteme unterstützen. Eine kleine Auswahl solcher Hilfsmittel wurde vorgestellt. An dieser Stelle soll noch einmal deutlich werden, dass durch den Einsatz dieser Hilfsmittel allein kein wirkungsvolles Wissensmanagement umsetzbar ist. Die IT hat lediglich unterstützende Aufgaben wahrzunehmen.

In meinen Augen ist Wissensmanagement in Unternehmen nicht produktbezogen zu betrachten. Ob ein Unternehmen sich mit digitalen oder herkömmlichen Produkten beschäftigt ist für den Einsatz potentieller Instrumente des Wissensmanagement nicht relevant. Die Frage ob es als gerechtfertigt angesehen werden kann von einem Wissensmanagement für digitale Güter zu sprechen, beantworte ich daher damit, dass es meiner Ansicht nach kein Wissensmanagement für digitale Güter gibt sondern lediglich ein Wissensmanagement durch digitale Güter. Dabei stellen digitale Güter einen Grossteil der vorhandenen Hilfsmittel für das Wissensmanagement. Ohne die Möglichkeiten, die Datennetze, Groupware und Dokumentenmanagement-Systeme bieten, lässt sich ein unternehmensweites Wissensmanagement in meinen Augen nicht realisieren.

Digitale Güter bilden die Grundlage für die Umsetzbarkeit des Wissensmanagements, rechtfertigen es aber gleichzeitig nicht von einem Wissensmanagement speziell für digitale Güter zu sprechen.

Literaturverzeichnis

Eppler / Präsentation /

    Martin Eppler: Knowledge Mapping. Eine Einführung in die Techniken der
    Wissensvisualisierung.
    http://www.cck.uni-kl.de/wmk/papers/public/KnowledgeMapping/sld002.htm,
    Abruf: 2003-06-02

Fritsch / Workflow Management System /

    Peter Fritsch: Workflow Management System.
    http://www.wiper.de/instrumente_it.htm#Workflow, 1998, Abruf: 2003-05-21

Goesmann, Weber / Einführung in Lotus Notes /

    Thomas Goesmann, Thorsten Weber: Einführung in Lotus Domino / Notes.
    http://iundg.cs.uni-dortmund.de/look_3kon/material/notes.pdf, 1999,
    Abruf: 2003-06-02

Guretzky / Bedeutung des Wissensmanagement /

    Dr. Bernhard von Guretzky: Die Bedeutung des Wissensmanagement und
    seine Implementierung mittels Intranet und Unternehmensportalen.
    http://www.community-of-knowledge.de/cp_artikel.htm?artikel_id=5, 2000,
    Abruf: 2003-05-21

Heck / Die Praxis des Knowledge Managements /

    Andreas Heck: Die Praxis des Knowledge Managements. Grundlagen.
    Vorgehen. Tools. Braunschweig/Wiesbaden 2002

Lehner / Organisational Memory /

    Franz Lehner: Organisational Memory. Konzepte und Systeme für das
    organisatorische Lernen und das Wissensmanagement. München/Wien 2000

Roßbach / IT-Werkzeuge /

Peter Roßbach: IT-Werkzeuge zur Unterstützung von
Wissensmanagementprozessen. http://www.competence-
site.de/banken.nsf/6A9219C5C5579AE4C1256A5D0027E8BF/$File/it-
werkzeugebankakademie.pdf, Abruf: 2003-06-02

Probst, Raub, Romhardt / Wissen managen /
Gilbert Probst, Steffen Raub, Kai Romhardt: Wissen managen. Wie
Unternehmen ihre wertvollste Ressource optimal nutzen. 3. Auflage, Wiebaden
1999

Stahlknecht, Hasenkamp / Einführung in die Wirtschaftsinformatik /
Peter Stahlknecht, Ulrich Hasenkamp: Einführung in die Wirtschaftsinformatik.
9. Auflage, Berlin/Heidelberg/New York 1999

Stelzer / Digitale Güter /
Dirk Stelzer: Digitale Güter und ihre Bedeutung in der Internetökonomie.
http://www.systementwicklung.uni-
koeln.de/forschung/veroeffentlichungen/dokumente/diggut.pdf, 2002, Abruf:
2003-06-02

o.V. / Aufgabe der Technik /
o.V.: Mehr als eine Aufgabe der Technik.
http://www.informationweek.de/index.php3?/channels/channel15/000740a.htm,
2000, Abruf: 2003-05-14

o.V. / Date Warehouse /
o.V.: Date Warehouse. http://www.wiper.de/instrumente_it.htm#Warehouse,
Abruf: 2003-05-21

o.V. / Mindmap /
o.V.: Mindmap
http://homepages.uni-regensburg.de/~atc16247/arbeiten/iws/wm-helios.pdf,
Abruf: 2003-06-02